LDW ARCHITECTES

Diese Buchreihe versammelt die Bauwerke einzelner, mit hohem Qualitätsanspruch ausgewählter jüngerer Schweizer Architekturschaffender. Seit 2004 kuratiere ich die Reihe *Anthologie* in der Form einfacher Werkdokumentationen. Sie ist vergleichbar mit der «Blütenlese», wie sie in der Literatur für eine Sammlung ausgewählter Texte angewendet wird. Es liegt in der Natur des Architektenberufs, dass die Erstlingswerke junger Architekturschaffender meist kleinere, übersichtliche Bauaufgaben sind. Sie sind eine Art Fingerübung, mit der sie das Erlernte anwenden und ihr architektonisches Sensorium erproben und entfalten können. Die Begabung und die Leidenschaft für das Metier lassen sich dabei früh in voller Deutlichkeit und Frische erkennen. So stecken in jedem der kleinen und grossen Projekte inspirierte Grundgedanken und Vorstellungen, die spielerisch und gleichermassen perfekt in architektonische Bilder, Formen und Räume umgesetzt werden. Damit wird mir wieder einmal bewusst, dass in der Architektur wie in anderen Kunstformen die Bilder und Ideen, die hinter dem Werk stehen, das Wesentliche sind. Es mag diese Intuition sein, die Kunstschaffende haben, und die dann über ihr Werk wie ein Funke auf die Betrachtenden überspringt, so wie es der italienische Philosoph Benedetto Croce in seinen Schriften eindringlich beschreibt.

Heinz Wirz
Verleger

This book series presents buildings by selected young Swiss architects that set themselves high quality standards. Since 2004, I have been curating the *Anthologie* series by simply documenting their oeuvre. The series can be compared to a literary anthology presenting a collection of selected texts. It is in the nature of the architectural profession that early works by young architects are mostly small, limited building tasks. They are a kind of five-finger exercise in which the architects apply what they have learnt, as well as testing and developing their architectural instincts. Talent and a passion for the profession can be seen at an early stage in all of its clarity and freshness. Each project, be it large or small, contains an inspired underlying concept and ideas that are playfully and consummately implemented as architectural images, forms and spaces. Thus, I am regularly reminded that in architecture, as in other art forms, the images and ideas behind the works are their essence. Perhaps this is the same intuition described so vividly by the Italian philosopher Benedetto Croce, one that is absorbed by the artist and flies like a spark via the work to the viewer.

Heinz Wirz
Publisher

LDW ARCHITECTES

QUART

All diese Projekte wären ohne die wertvolle Mitarbeit von treuen Partnerinnen und Partnern nicht möglich gewesen. Laut Definition sind Partnerinnen und Partner Komplizinnen und Komplizen, mit denen man tanzt, diskutiert, mit denen man sich unterhält, sich austauscht. Es sind Kameradinnen und Kameraden, mit denen man eine Theater-, Kino-, Zirkusvorstellung aufführt. Es sind auch Mitstreiterinnen, Teilhaber, Wegbegleiterinnen. Unser Dank geht also an all diese Menschen für ihr Engagement und ihr Know-how, das sie mit uns geteilt haben.

None of these projects would have been possible without the contributions of our loyal partners. A partner can be defined as an accomplice with whom one dances and discusses; a comrade in a shared performance in the theatre, the cinema, or the circus. A partner can also be a teammate, a collaborator, a travel companion. We thank our partners for their commitment in playing these roles and sharing their know-how with us.

LANDWIRTSCHAFTLICHER GEBÄUDEKOMPLEX
IN CHOULLY, SATIGNY   8

MAISONETTE IN LE RONDEAU, CAROUGE   16

DACHGESCHOSS IN FUSTERIE, GENF   22

KOMPLEX MIT WOHN- UND GESCHÄFTSBAUTEN, GLAND   28

BEGRÜNTE DÄCHER IN SAINT-JEAN, GENF   36

TANZSTUDIO IN LA GRADELLE, CHÊNE-BOUGERIES   40

ÖFFENTLICHE RÄUME IN LA FOULY, ORSIÈRES   44

PARKPAVILLON, ZÜRICH   46

WOHN- UND GESCHÄFTSBAUTEN, MEINIER   48

WERKVERZEICHIS   50

BIOGRAFIE, TEAM, PARTNERINNEN UND PARTNER,
VORTRÄGE, BIBLIOGRAFIE   52

AGRICULTURAL COMPLEX IN CHOULLY, SATIGNY   8

MAISONETTE IN LE RONDEAU, CAROUGE   16

ATTIC IN FUSTERIE, GENEVA   22

HOUSING AND ACTIVITY COMPLEX, GLAND   28

GREEN ROOFS IN SAINT-JEAN, GENEVA   36

DANCE STUDIO AT LA GRADELLE, CHÊNE-BOUGERIES   40

PUBLIC SPACES IN LA FOULY, ORSIÈRES   44

PAVILION IN A PARK, ZURICH   46

HOUSING AND ACTIVITIES, MEINIER   48

LIST OF WORKS   51

BIOGRAPHY, TEAM, PARTNERS, LECTURES,
BIBLIOGRAPHY   53

LANDWIRTSCHAFTLICHER GEBÄUDEKOMPLEX IN CHOULLY, SATIGNY

Die Wirtschaftsgebäude auf der Anhöhe von Satigny sind um einen Hof herum gruppiert: ein Wohnhaus, eine Scheune, Pferdestallungen, eine Weinpresse, ein Holzschuppen und ein Unterstand. Sie alle wurden zwischen 1705 und 1715 wahrscheinlich von denselben Handwerkern errichtet. Ein Grossteil der Gebäude, die verfallen waren, wurde wiederhergestellt, renoviert und in Wohnungen umgewandelt. Die Sanierung des Ensembles erfolgte zwischen 2010 und 2021 etappenweise im Rahmen von sorgsam geplanten Baumassnahmen. Das Ergebnis ist eine zurückhaltende Architektur, die den ländlichen Charakter des Ortes wahrt und in die Zukunft fortschreibt – ein Projekt zum Schutz dieses seltenen Kulturerbes.

Ausführung: 2010–2021
Bauherrschaft: Privat
Bauingenieur:
Damien Dreier, structurame
Wärmetechnik:
Yann Grandjean, Conti
Projektteam:
Ivan Godinat; Tanguy Mulard

Construction: 2010–2021
Client: Private
Civil engineer:
Damien Dreier,
structurame
Thermal engineer:
Yann Grandjean, Conti
Project team:
Ivan Godinat;
Tanguy Mulard

AGRICULTURAL COMPLEX IN CHOULLY, SATIGNY

On the crest of the hill of Satigny, farm buildings are organised around a courtyard: a private home, barn, stable, wine press, woodshed and canopy. All were built, probably by the same craftspeople, between 1705 and 1715. Most of the buildings, found in ruins, have been restored, renovated or converted into housing through a series of careful interventions between 2010 and 2021. This uncommonly complete set of heritage buildings has thus been fully rehabilitated and preserved. The end result is characterised by an architectural restraint that respects and reinforces the rural character of the site.

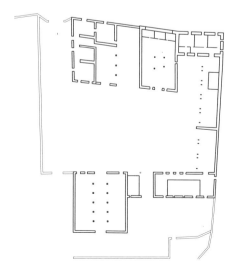

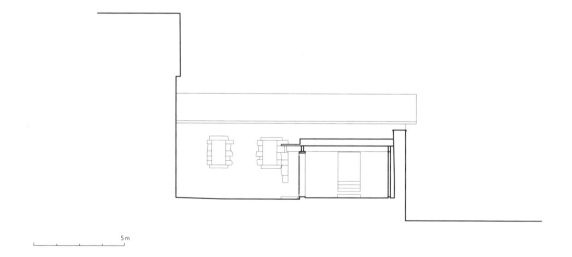

5 m

12

MAISONETTE IN LE RONDEAU, CAROUGE

Im Rondeau de Carouge findet sich in einer Muldenlage ein kleines, nach aussen abgeschottetes, lichtdurchflutetes Refugium mit asymmetrischem Satteldach. Nüchterne, natürliche, unbearbeitete Materialien charakterisieren das kleine Wohnhaus: ein Korpus aus Lehm, Böden aus Naturstein, Lehmputz an den Wänden, eine durchgehende Holzdecke. Zur Strasse hin öffnet sich das Haus mit grossen Panoramafenstern, rückseitig sorgt ein Oberlicht für die nötige Helligkeit. Es gibt keine Türen und auch keine Trennwände. Die einzelnen Zimmer gehen ineinander über, verbinden sich und bilden einen einzigen grossen überdachten Raum – einen einzigartigen Ort.

Ausführung: 2017–2021
Architekturpartnerschaft
(de architectura):
Massimo de Giorgi
Bauherrschaft: Privat
Bauingenieur:
Damien Dreier, structurame
Holzingenieur:
Marcel Rechsteiner,
RatioBois
Wärmetechnik:
Willi Weber, Archiwatt

Construction: 2017–2021
Partner architect
(de architectura):
Massimo de Giorgi
Client: Private
Civil engineer:
Damien Dreier, structurame
Wood engineer:
Marcel Rechsteiner,
RatioBois
Thermal engineer:
Willi Weber, Archiwatt

MAISONETTE IN LE RONDEAU, CAROUGE

In an alcove near the Carouge roundabout, one sees a folded roof atop a small, introverted refuge, bathed in light. Sober, natural, raw materials define this modestly proportioned home: a raw earth turret, natural stone on the floor, clay plaster on the walls, a large wooden roof. On the street side, there are high windows, with overhead lighting to the back. There are no doors and no partitions. The spaces merge and fuse to form a large covered room, a unique space.

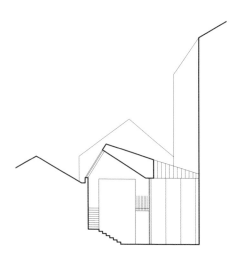

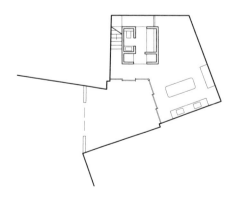

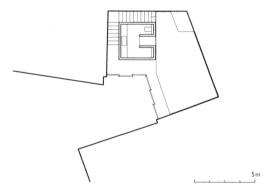

5 m

DACHGESCHOSS IN FUSTERIE, GENF

Ein neuer Wohnraum mit schräger, geknickter Verschalung aus Birkenholz nistet sich unter dem Mansardendach eines Gebäudes aus dem 19. Jahrhundert ein. Im Zuge dessen wird der lange Dachraum komplett saniert. Die existierenden tragenden Stützen, die Dachbinder und Zuganker werden erhalten und restauriert. Es entstehen neue Tageslichtöffnungen, damit man in der «Krone» des Gebäudes direkt unter den Wolken arbeiten kann. Auch das Treppenhaus erhält eine Verjüngungskur, während sich der Aufzug in eine vertikale Lichtsäule verwandelt.

Ausführung: 2014–2022
Architekturpartnerschaft
(mcbd): Bernard Delacoste,
Marcel Croubalian
Bauherrschaft: Privat
Bauingenieur:
Marcio Bichsel, B+S
Wärmetechnik:
Yann Grandjean, Conti

Construction: 2014–2022
Partner architects (mcbd):
Bernard Delacoste and
Marcel Croubalian
Client: Private
Civil engineer:
Marcio Bichsel, B+S
Thermal engineer:
Yann Grandjean, Conti

ATTIC IN FUSTERIE, GENEVA

The new space has been tucked under a large shell of birch in the attic of a 19th-century building, as part of a complete renovation of a long space under the roof. The existing roof supports, trusses and tie rods have been retained and restored. New daylight openings have been proposed to create workspaces with cloud views at the top of the building. The stairs have also been renovated, while the lift is transformed into a vertical lantern.

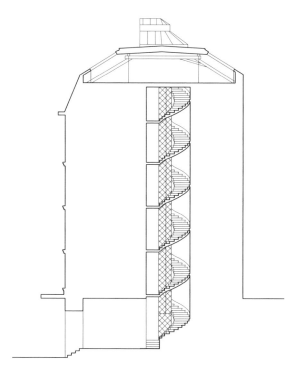

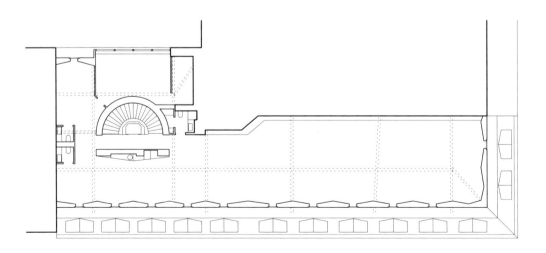

5 m

KOMPLEX MIT WOHN- UND GESCHÄFTSBAUTEN, GLAND

Am Waldrand ist ein neues Viertel aus dem Boden gesprossen. Verteilt auf vier facettierte Gebäude sind mehr als 200 lichtdurchflutete Wohnungen entstanden, die dank der vielen Fenster einen freien Blick auf die grossartige Landschaft des Jura und des Genfersees bieten. Die Wohnungen haben grosszügige Grundrisse, nehmen entweder die gesamte Gebäudetiefe ein oder sind zu mehreren Seiten ausgerichtet und weisen eine grosse typologische Vielfalt auf. Zwischen den einzelnen Gebäuden befinden sich grosse Höfe, die sorgsam mit lokalen Baumarten begrünt wurden und so wahrhafte Oasen zum Krafttanken darstellen – ein kollektiver Raum zur vielfältigen Nutzung, der seinen Beitrag zu einem neuen gemeinschaftlichen Leben im Viertel leistet.

Ausführung: 2014–2022
Architekturpartnerschaft
(atelier plus): Damien Magat
Bauherrschaft:
En la Foule & Copré,
Ville de Gland
Entwurf und
Genehmigungsverfahren:
ar-ter
Projektleitung Architektur:
LDW
Projektteam ar-ter:
Pedro Diaz-Berrio,
Damien Magat, Blaise Roulin
Generalunternehmung:
Steiner

Construction: 2014–2022
Partner architect
(atelier plus):
Damien Magat
Client: En la Foule & Copré,
Ville de Gland
Project and planning
applications: ar-ter
Architectural direction:
LDW
ar-ter project team:
Pedro Diaz-Berrio;
Damien Magat;
Blaise Roulin
General contractor: Steiner

HOUSING AND ACTIVITY COMPLEX, GLAND

At the edge of a forest, a new neighbourhood has been created with more than two hundred homes, divided among four buildings. The buildings' multiple facets, consisting mostly of glazing, offer unobstructed views of the Jura and the lake – what guidebooks have for centuries called the Grand Paysage. The homes are generous, dual-aspect or multiple-aspect and are offered in a wide choice of configurations. Between the buildings, large courtyards have been thoughtfully planted with local vegetation, providing a real breath of fresh air between the buildings. This communal space serves multiple purposes, creating a place for neighbourliness in the heart of the district.

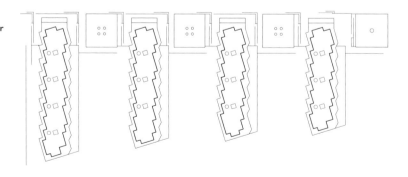

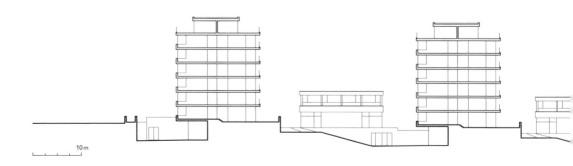

10 m

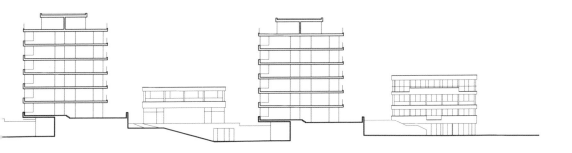

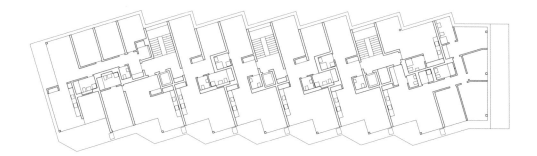

10m

BEGRÜNTE DÄCHER IN SAINT-JEAN, GENF

Im Sommer legt sich die Hitze über die Gleisüberdachung im Genfer Stadtteil Saint-Jean. Auf den Dächern jener Gebäude, die die Werkstätten der Genossenschaft beherbergen, wurden 2000 Quadratmeter extensive und experimentelle Grünflächen angelegt. So haben die Bauten des Viertels gleichsam eine fünfte begrünte Fassade mit Gezweig, Steinnestern und Wasserflächen erhalten – einen biologischen Korridor auf territorialer Ebene für eine neue Biodiversität von Flora und Fauna in der Stadt.

Ausführung: 2015–2021
Architekturpartnerschaft
(de architectura):
Massimo de Giorgi
Bauherrschaft: Coopérative
Voies Couvertes
Biologie: Aino Adriens,
Sylvie Viollier
Wärmetechnik:
Willi Weber, Archiwatt
Bedachungsexperte:
Jean-Pierre Decorzent, edco
Gärtner: Vincent Berclaz,
Canopée

Construction: 2015–2021
Partner architect
(de architectura):
Massimo de Giorgi
Client:
Coopérative Voies
Couvertes
Biologists: Aino Adriens,
Sylvie Viollier
Thermal engineer:
Willi Weber, Archiwatt
Roofing Specialist:
Jean-Pierre Decorzent,
edco
Gardener: Vincent Berclaz,
Canopée

GREEN ROOFS IN SAINT-JEAN, GENEVA

In summer, it gets hot on the roofs of Saint-Jean. However, two thousand square metres of large-scale experimental green roofs have been planted on top of workshop buildings used by local cooperatives. This fifth green façade offers itself to the local surroundings, with their branches, nests of stone and water features. The biological corridor on a neighbourhood scale will shelter a new level of biodiversity in the city's flora and fauna.

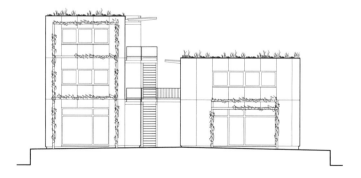

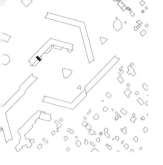

TANZSTUDIO IN LA GRADELLE, CHÊNE-BOUGERIES

Unter einer Arkade der wunderbaren Wohnbebauung in La Gradelle ist ein neuer Ort zum Tanzen entstanden. Das Tanzstudio verfügt über einen langen Spiegel sowie zwei Holzeinbauten. Hinter der Holztheke und der Holzwand auf der Rückseite sind eine Kochnische, Toiletten und Umkleideräume sowie ein Mezzanin untergebracht, welcher in den Tanzsaal hineinragt. Auf der Vorderseite trennt ein weiterer Holzeinbau den Eingang und einen Sitzbereich ab – eine grosse Zuschauerbank, die eine gewisse Distanz zur strassenseitigen Fensterfront herstellt. Farbige Leinenvorhänge, die als Raumteiler fungieren, runden die Ausstattung ab.

Ausführung: 2021–2022
Bauherrschaft:
Institut Sunkhronos
Projektteam:
Marine de Carbonnières

Construction: 2021–2022
Client: Institut Sunkhronos
Project team:
Marine de Carbonnières

DANCE STUDIO AT LA GRADELLE, CHÊNE-BOUGERIES

Under an arcade of the marvellous Ensemble de la Gradelle, a new home for dance has made its debut. A long mirror and two wooden cabinets frame the rehearsal space. To the back, the large cabinet houses a kitchenette, services and a mezzanine overlooking the dance space. At the front, another wooden installation screens the entrance and a seating area, while accommodating a large observation bench, providing some distance from the picture window to the street. Coloured linen curtains complete the arrangement.

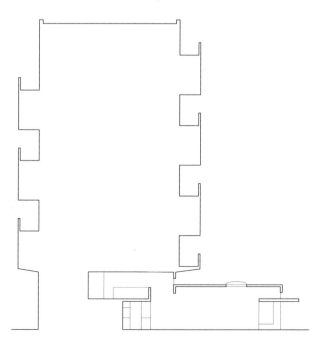

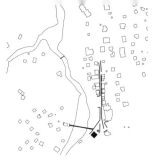

ÖFFENTLICHE RÄUME IN LA FOULY, ORSIÈRES

Das in der Talsohle des Val Ferret gelegene Dorf La Fouly bietet seiner Besucherschaft ein authentisches Umfeld in wilder Natur. Der Entwurf sieht vor, das Dorf in Zeiten grossen Besucherandrangs für den Verkehr zu schliessen und es in eine Fussgängerzone zu verwandeln. Das Zentrum ist dann nicht mehr von Autos verstopft, sondern wartet stattdessen mit einem neuen Dorfplatz auf. So hat der Ort wieder einen Mittelpunkt, einen Treffpunkt, eine Agora mit Blick auf die Berge. Eine kleine Brücke überspannt den Fluss und führt zur Kapelle in der Dorfmitte auf der anderen Seite.

Ausführung: 2021–2026
Bauherrschaft:
Gemeinde Orsières,
Mobilitätsservice; Kanton
Wallis
Architekturpartnerschaft:
Jean-François Latttion
Landschaftsarchitektur:
Julien Descombes, Atelier
Descombes Rampini
Bauingenieur:
Yves Bach, edms
Verkehrstechnik:
Cédric Bachmann, Transitec
Projektteam:
Marine de Carbonnières

Construction: 2021–2026
Client: Municipality of
Orsières, Mobility Services;
Canton of Valais
Partner architect:
Jean-François Latttion
Landscape architect:
Julien Descombes, Atelier
Descombes Rampini
Civil engineer:
Yves Bach, edms
Mobility engineer:
Cédric Bachmann, Transitec
Project team:
Marine de Carbonnières

PUBLIC SPACES IN LA FOULY, ORSIÈRES

At the bottom of the Val Ferret, the village of La Fouly offers visitors a natural, untamed and authentic setting. The project vision is of a village closed to traffic during peak periods, transforming itself into a place where pedestrians can roam freely. The centre will no longer be occupied by cars, opening up the new square. The village will recover its heart as a place to gather, an agora that looks to the mountains. A planned footbridge extends across the river, connecting a chapel back to the village centre.

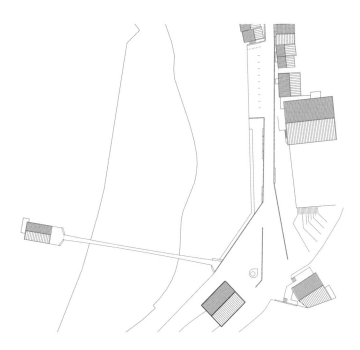

PARKPAVILLON, ZÜRICH

Das Südende des Gloriaparks wird zum Tor zwischen Stadt und Grünanlage. Eine grosse Kiesfläche bildet das Plateau aus, auf dem sich der Pavillon, Bäume und ein Brunnen befinden. Drei Lehmzylinder tragen ein kleeblattförmiges Dach. Im Sommer sind die Schiebetüren des Gastraums geöffnet, sodass sich die Kundschaft frei zwischen Innenraum und Aussenbereich bewegen kann. Nachts erstrahlt der verglaste zylindrische Dachaufsatz wie ein Leuchtturm und markiert diesen neuen Treffpunkt im Quartier.

Wettbewerb: 2020
Bauherrschaft: Stadt Zürich
Architekturpartnerschaft
(Freefox Architecture Studio):
Debora Burri, Reto Burri,
Gabriele Siani
Bauingenieur:
Marcio Bichsel, B + S

PAVILION IN A PARK, ZURICH

The southern edge of Gloria Park becomes a gateway between the city and the park. A large raw gravel surface defines a plateau on which the pavilion, trees and a fountain are situated. Three earthbrick cylinders support a cloverleaf roof. In summer, the sliding windows of the dining area are opened to allow visitors to move freely between indoors and out. At night, the cylindrical, glazed crown of the roof shines like a beacon visible across the neighbourhood, calling locals to this new urban landmark.

Competition: 2020
Client: City of Zurich
Partner architects
(Freefox Architecture
Studio): Debora Burri,
Reto Burri, Gabriele Siani
Civil engineer:
Marcio Bichsel, B + S

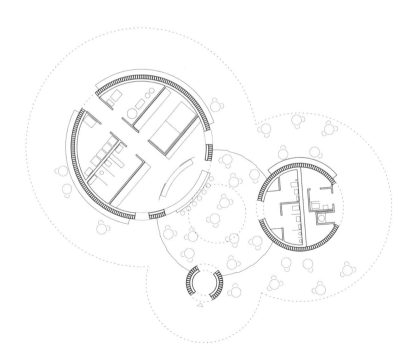

WOHN- UND GESCHÄFTSBAUTEN, MEINIER

Durch das Dorf Meinier führt eine Strasse, an die sich mehrere öffentliche Räume anschliessen. Der Entwurf sieht einen neuen Platz vor, um diesen Kranz zu einem Dorfzentrum zu verwandeln, zu einem Ort, an dem sich die Dorfbewohnerinnen und -bewohner treffen, sich versammeln und austauschen. Der Neubau bildet den Gegenentwurf zum offenen Raum: Die Wohnungen befinden sich unter einem grossen durchgehenden Dach, das den Platz und den Garten dominiert. Das bedeutet Wohnen zwischen Dorf und grossartiger Landschaft.

HOUSING AND ACTIVITIES, MEINIER

A road passes through the village of Meinier, connecting several of its public spaces to each other. This project proposes a new square to complete a route around the village centre – a public esplanade on a village scale, where locals can meet, greet each other and come together. The new building represents the infill of the village's open spaces: dwellings are set under a large continuous roof that defines the square and garden. The ensemble offers a way of life between the village and the landscape beyond.

Wettbewerb: 2021
Bauherrschaft:
Fondation immobilière de la commune de Meinier
Architekturpartnerschaft (acau): Darius Golchan
Landschaftsarchitektur: Julien Descombes, Atelier Descombes Rampini
Bauingenieur: Marcio Bichsel, B + S
Projektteam: Damien Magat, Marine de Carbonnières

Competition: 2021
Client: Fondation immobilière de la commune de Meinier
Partner architect (acau): Darius Golchan
Landscape architect: Julien Descombes, Atelier Descombes Rampini
Civil engineer: Marcio Bichsel, B + S
Project team: Damien Magat, Marine de Carbonnières

WERKVERZEICHIS
Auswahl Bauten, Projekte und Wettbewerbe

2016	1	Installation Palcoterra, Architektur-Biennale, Venedig
2018	2	Atelier LDW-Terrabloc, Genf
2019	3	Anlage des Geländes Pro Natura, Dardagny
2020		Wettbewerb Parkpavillon, Zürich (mit Freefox)
2021		Wettbewerb mit Vorauswahl Wohn- und Geschäftsbauten, Meinier
		Landwirtschaftlicher Gebäudekomplex in Choully, Satigny
		Maisonette in Le Rondeau, Carouge
		Begrünte Dächer in Saint-Jean, Genf
2022		Dachgeschoss in Fusterie, Genf
		Tanzstudio in La Gradelle, Chêne-Bougeries
	4	Erweiterung einer Gewerbehalle, Vich
		Komplex mit Wohn- und Geschäftsbauten, Gland

Laufend

	5	Wohnüberbauung, Corsier
	6	Renovierung einer Mühle, Pont Farbel, Vich
		Öffentliche Räume in La Fouly, Orsières (Studienauftrag 2021, 1. Preis)

2

1

3

LIST OF WORKS
Selection of buildings, projects and competitions

2016	1	Palcoterra installation, Architecture Biennale, Venice
2018	2	LDW-Terrabloc studio, Geneva
2019	3	Development of the Pro Natura site, Dardagny
2020		Competition, Pavilion in a Park, Zurich (with Freefox)
2021		Competition with pre-selection, housing and activities, Meinier
		Agricultural complex in Choully, Satigny
		Maisonette in Le Rondeau, Carouge
		Green roofs in Saint-Jean, Geneva
2022		Attic in Fusterie, Geneva
		Dance studio at La Gradelle, Chêne-Bougeries
	4	Extension of a craft hall, Vich
		Housing and activity complex, Gland
		Ongoing
	5	Grouped housing, Corsier
	6	Renovation of a mill, Pont Farbel, Vich
		Public spaces in La Fouly, Orsières (contracted study 2021, 1ˢᵗ Prize)

4

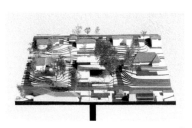

5

6

LAURENT DE WURSTEMBERGER

1975	Geboren in Genf
1996	Studium an der Accademia di Architettura in Mendrisio (AAM)
1997	Praktikum im Atelier Peter Zumthor, Lugano
1998	Praktikum im Büro Gwathmey Siegel, New York
2000	Erasmusstudent an der Escuela Técnica Superior de Arquitectura Madrid (ETSAM)
	Praktikum im Atelier Peter Zumthor, Haldenstein
2002	Diplom an der AAM, Mendrisio
	Gründung und Partner von Freefox, Mendrisio
2008	Gründung und Partner von ar-ter, Carouge
	Mitglied des Schweizerischen Ingenieur- und Architektenvereins (SIA)
2011	Gründung und Partner von Terrabloc, Genf
2014	Mitglied des Schweizerischen Werkbunds (SWB), Ortsgruppe Romandie
2017	Mitglied des Bundes Schweizer Architektinnen und Architekten (BSA)
2018	Gründung von LDW architectes

TEAM SEIT 2018 (*aktuell)

Astrid Rogg*, Marine de Carbonnières*, Valentina Bezzo*, Tanguy Mulard*, Ivan Godinat, Dunja Stancic, Emma Delacoste

PARTNERINNEN UND PARTNER

Dr. Rodrigo Fernandez (Partner bei Terrabloc, Werkstoffingenieur), Massimo de Giorgi (de architectura), Damien Magat (atelier plus), Bernard Delacoste und Marcel Croubalian (mcbd), Reto und Debora Burri (Freefox), Jean-François-Lattion, Julien Descombes (Atelier Descombes Rampini), David Reffo, Jacques Menoud, Daniel Kunzi

VORTRÄGE

2009	«Ferme à Jussy», Cinéma Bio, Carouge
2016	«Let's rediscover», Salon Suisse, Biennale di Venezia
2019	«Redécouvrir la terre», HEIA, Freiburg
2021	«Un dîner avec LDW», UDA, EPFL, Lausanne
2022	«La terre pour tous», HEPIA, Genf

BIBLIOGRAFIE

2019	*Ensembles Urbains Genève 07. Boulevard Carl-Vogt. Jonction*, Gollion
2020	Cedric van der Poel, «Cette décélération amène une réflexion de fond pour la culture du bâti», unter: https://www.espazium.ch/fr/actualites/cette-deceleration-amene-une-reflexion-de-fond-pour-la-culture-du-bati (zuletzt abgerufen: 27. Mai 2022)
2021	«La juste harmonie», in: Federation of Swiss Architects (FSA): *12 essais pour mieux construire à Genève*, Genf
2022	«Traverser le mur», in: *magazine la, revue des étudiants HEIA* (noch nicht erschienen)

LAURENT DE WURSTEMBERGER

1975	Born in Geneva
1996	Studied at the Accademia di Architettura in Mendrisio (AAM)
1997	Internship with Peter Zumthor, Lugano
1998	Internship with Gwathmey Siegel, New York
2000	Erasmus exchange with the Escuela Técnica Superior de Arquitectura Madrid (ETSAM)
	Internship with Peter Zumthor, Haldenstein
2002	Graduation at the AAM, Mendrisio
	Co-founder and Partner, Freefox, Mendrisio
2008	Co-founder and Partner, ar-ter, Carouge
	Member, Swiss Society of Engineers and Architects (SIA)
2011	Co-founder and Partner, Terrabloc, Geneva
2014	Member, Schweizerischer Werkbund (SWB), Romandie section
2017	Member, Federation of Swiss Architects (FSA)
2018	Foundation of LDW architectes

TEAM SINCE 2018 (*current)

Astrid Rogg,* Marine de Carbonnières,* Valentina Bezzo,* Tanguy Mulard,* Ivan Godinat, Dunja Stancic, Emma Delacoste

PARTNERS

Dr. Rodrigo Fernandez (Terrabloc Partner, Materials Engineering), Massimo de Giorgi (de architectura), Damien Magat (atelier plus), Bernard Delacoste and Marcel Croubalian (mcbd), Reto and Debora Burri (Freefox), Jean-François-Lattion, Julien Descombes (Atelier Descombes Rampini), David Reffo, Jacques Menoud, Daniel Kunzi

LECTURES

2009	"Ferme à Jussy", Cinéma Bio, Carouge
2016	"Let's rediscover", Salon Suisse, Venice Biennale
2019	"Redécouvrir la terre", HEIA, Fribourg
2021	"Un dîner avec LDW", UDA, EPFL, Lausanne
2022	"La terre pour tous", HEPIA, Geneva

BIBLIOGRAPHY

2019	*Ensembles Urbains Genève 07. Boulevard Carl-Vogt. Jonction*, Gollion
2020	Cedric van der Poel: "Cette décélération amène une réflexion de fond pour la culture du bâti". In: https://www.espazium.ch/fr/actualites/cette-deceleration-amene-une-reflexion-de-fond-pour-la-culture-du-bati (last accessed: May 27, 2022)
2021	"La juste harmonie". In: Federation of Swiss Architects (FSA): *12 essais pour mieux construire à Genève*, Geneva
2022	"Traverser le mur". In: *magazine la, revue des étudiants HEIA* (not yet published)

Finanzielle und ideelle Unterstützung

Ein besonderer Dank gilt den Institutionen und Sponsorfirmen, deren finanzielle Unterstützungen wesentlich zum Entstehen dieser Buchreihe beitragen. Ihr kulturelles Engagement ermöglicht ein fruchtbares und freundschaftliches Zusammenwirken von Baukultur und Bauwirtschaft.

Financial and conceptual support

Special thanks to our sponsors and institutions whose financial support has helped us so much with the production of this series of books. Their cultural commitment is a valuable contribution to fruitful and cordial collaboration between the culture and economics of architecture.

Terrabloc SA, Genève

Steiner SA, Tolochenaz

 Cornaz SA, Allaman

 BELSOL-MITTERER S.A., Petit-Lancy

Unlimited Perspective SA, Châtelaine

 Von Ro Echafaudages SA, Grand-Lancy

 B + S ingénieurs conseils SA, Genève

 Canopée paysagisme sàrl, Dardagny

 A.S Bois Sàrl, Bardonnex

 GAIDON SA, Carouge

 edms sa, Petit-Lancy

 Alpha Édification S.A., Aire-la-Ville

 Butikofer & Fils, Chêne-Bougeries

amann cuisines
Amann Cuisines, Genève

structurame sàrl, Genève / Lausanne

Marbrerie Rossi SA, Carouge

 Cergneux SA, Genève

 Couferap S.A., Carouge

 Vernet SA, Carouge

 Alvazzi Holding SA, Plan-les-Ouates

 Entreprise José Gomes, Meinier

 Poggenpohl Groupe (Suisse) SA, Carouge

Burkardt Agencement Sàrl, Genève

 Catellani SA, Granges-près-Marnand

 Ronchi SA, Gland

LDW architectes
47. Band der Reihe *Anthologie*
Herausgeber: Heinz Wirz, Luzern
Konzept: Heinz Wirz; LDW architectes, Genf
Projektleitung: Quart Verlag, Linus Wirz
Texte: LDW architectes
Textlektorat deutsch: Miriam Seifert-Waibel, Hamburg; LDW architectes,
Reto Burri, Lugano
Textlektorat englisch: Benjamin Liebelt, Berlin; LDW architectes,
Marine de Carbonnières, Toronto
Übersetzung französisch – deutsch: Dr. Eva Dewes, Saarbrücken
Übersetzung französisch – englisch: Brett Petzer, Amsterdam
Fotos: Paola Corsini, Genf, S. 9–15, 29–31, 33, 35;
Kathelijne Reijse Saillet, Meinier, S. 17–21, 24–27, 37–39;
Marine de Carbonnières, Lausanne, S. 23, 41–43, 45, 51 (Nr. 4, 5 und 6),
53 (unten); Damien Magat, Genf, S. 32, 34; Samuel Dématraz,
Chalais, S. 50 (Nr. 1); Laurent de Wurstemberger, Genf,
S. 50 (Nr. 2 und 3); Olivier Vogelsang, Genf, S. 53 (oben)
Redesign: BKVK, Basel – Beat Keusch, Angelina Köpplin-Stützle
Grafische Umsetzung: Quart Verlag Luzern
Lithos: Printeria, Luzern
Druck: DZA Druckerei zu Altenburg GmbH

© Copyright 2022
Quart Verlag Luzern, Heinz Wirz
Alle Rechte vorbehalten
ISBN 978-3-03761-265-1

LDW architectes
Volume 47 of the series *Anthologie*
Edited by: Heinz Wirz, Lucerne
Concept: Heinz Wirz; LDW architectes, Geneva
Project management: Quart Verlag, Linus Wirz
Texts by: LDW architectes
German text editing: Miriam Seifert-Waibel, Hamburg; LDW architectes,
Reto Burri, Lugano
English text editing: Benjamin Liebelt, Berlin; LDW architectes,
Marine de Carbonnières, Toronto
French – German translation: Dr. Eva Dewes, Saarbrücken
French – English translation: Brett Petzer, Amsterdam
Photos: Paola Corsini, Geneva, p. 9–15, 29–31, 33, 35;
Kathelijne Reijse Saillet, Meinier, p. 17–21, 24–27, 37–39;
Marine de Carbonnières, Lausanne, p. 23, 41–43, 45, 51 (Nos. 4, 5 and 6),
53 (bottom); Damien Magat, Geneva, p. 32, 34; Samuel Dématraz,
Chalais, p. 50 (No. 1); Laurent de Wurstemberger, Geneva,
p. 50 (Nos. 2 and 3); Olivier Vogelsang, Geneva, p. 53 (top)
Redesign: BKVK, Basel – Beat Keusch, Angelina Köpplin-Stützle
Graphic design: Quart Verlag Lucerne
Lithos: Printeria, Lucerne
Printing: DZA Druckerei zu Altenburg GmbH

© Copyright 2022
Quart Verlag Luzern, Heinz Wirz
All rights reserved
ISBN 978-3-03761-265-1

Dieses Buch ist auch auf französisch/
englisch erschienen:
ISBN 978-3-03761-276-7
Also published in French/English:
ISBN 978-3-03761-276-7

Der Quart Verlag wird vom
Bundesamt für Kultur für die Jahre
2021–2024 unterstützt.
Quart Publishers is being supported
by the Federal Office of Culture for
the years 2021–2024.

Quart Verlag GmbH
Denkmalstrasse 2, CH-6006 Luzern
books@quart.ch, www.quart.ch

47	LDW architectes (de/en, fr/en)	23	horisberger wagen (de, *en)
46	ahaa (de/en)	22	phalt (de, *en)
45	DF_DC (de/en)	21	Kunz und Mösch (de, *en)
44	Staehelin Meyer (de/en)	20	Meier Leder (de, *en)
43	Lilitt Bollinger Studio (de/en)	19	Philipp Wieting – Werknetz Architektur (de, *en)
42	Inches Geleta (de/en)	18	frundgallina (de, *en)
41	Felippi Wyssen (de/en)	17	Thomas K. Keller (de, *en)
40	Kim Strebel (de, *en)	16	Durrer Linggi (de, *en)
39	Beer Merz (de, *en)	15	Allemann Bauer Eigenmann (de, *en)
38	HDPF (de, *en)	14	Baserga Mozzetti (de, *en, it)
37	clavienrossier (de, *en)	13	OOS (de, *en)
36	am-architektur (de, *en)	12	UNDEND (de, *en)
35	Dreier Frenzel (de, *en, fr)	11	Corinna Menn (de, *en)
34	Menzi Bürgler (de, *en)	10	Michael Meier und Marius Hug (de, *en)
33	Fiechter & Salzmann (de, *en)	9	BDE Architekten (de, *en)
32	Roman Hutter (de, *en)	8	weberbrunner (de, *en)
31	Alexandre Clerc (de, fr, *en)	7	huggenbergerfries (de, *en)
30	Büro Konstrukt (de, *en)	6	Müller Sigrist (de)
29	Blättler Dafflon (de, *en)	5	Beda Dillier (de)
28	Amrein Herzig (de, *en)	4	Bünzli & Courvoisier (de, *en)
27	Rapin Saiz (de, *en, fr)	3	Peter Kunz (de, *en, it)
26	Frei + Saarinen (de, *en)	2	Buchner Bründler (de, *en)
25	Edelmann Krell (de, *en)	1	Niklaus Graber & Christoph Steiger (de, *en)
24	LOCALARCHITECTURE (de, *en, fr)		

*inserted booklet with translation